# Dieses Buch gehört:

_____

Veröffentlicht von
Einfach Unvergesslich Verlag

**Impressum:**

Workoutcheck e.U., Inhaber: Kristin Scherzer
Eingetragenes Einzelunternehmen, Onlinehandel mit Waren aller Art
FN: 477653g, FB-Gericht: Wien
1020 Wien, Am Tabor 31/19 - Austria
tini.scherzer@gmail.com

Mitglied der WKÖ, Bundesgremium Versand-, Internet- und allgemeinen Handel
Freies Gewerbe, Gewerbeordnung: www.ris.bka.gv.at

Verbraucher haben die Möglichkeit, Beschwerden an die Online
Streitbeilegungsplattform der EU zu richten: http://ec.europa.eu/odr. Sie können
allfällige Beschwerde auch an die oben angegebene E-Mail-Adresse richten.

Printed in Poland
by Amazon Fulfillment
Poland Sp. z o.o., Wrocław

37003619R00070